Historias de Luz

© Jose Luis Espinoza, 2016
www.joseluisespinoza.com
jlego98@icloud.com

Edición: Luna Egido Martín
            luna.egido@outlook.com
Ilustración: Adriana Morales
            zawiz@hotmail.com

ISBN 1530016002

.

Historias de Luz

Jose Luis Espinoza

Agradecimientos

Quiero agradecer la oportunidad única de existir y poder vivir en este momento, en este tiempo y este espacio.

Agradezco profundamente a las personas que me han apoyado en mi despertar y han confiado en lo que Yo Soy.

Agradezco en especial a Julio Rivera por facilitarme la visión de lo que no se ve con los ojos humanos. A mi esposa Perla por su apoyo y señalamientos cuando me quería desviar del camino. A mi hijo Erwin y mis hijas Arlene y Erika por enseñarme el amor incondicional, por recordarme la libertad y la alegría. Gracias a mis padres, hermanos y hermanas por creer en mí, apoyarme y hacerme sentir importante.

Un agradecimiento a María de Lourdes Victoria que me enseñó lo que necesitaba para escribir y me animó a hacerlo. Gracias a Luna Egido por editar mis escritos, por su profesionalidad y por tolerar mis trabas sin juicios. Gracias a Adriana Morales por sus recomendaciones, pero sobre todo por su maravilloso trabajo como ilustradora y diseñadora.

Gracias a todos los seres humanos que de alguna u otra manera han sido mis ángeles sin alas en este camino de autoconocimiento y transformación.

Gracias también a quienes no me apoyan y no están de acuerdo conmigo. Son ellos quienes me recuerdan que soy único y eso está bien.

Gracias a todos los Seres del otro lado que siempre me acompañan y susurran lo que va de acuerdo a mi propósito de vida. Sé que no necesitan de mis gracias, pero sé también que mi agradecimiento es sincero y eso sí que es importante en mi desarrollo humano.

¡Gracias, gracias, gracias!

Índice

Prólogo

Esteban Hinojosa Rebolledo
Barcelona, diciembre 2015.

La pertinencia de la intención. En el quehacer literario muchas veces se persigue con obsesión –ya sea a través de la trama o del lenguaje- tender un velo que impida ver con claridad la intención del escritor. El narrador puede tener puntos de vista, dicen, pero el escritor que crea ese narrador no, o por lo menos no dentro de cada una de las historias que escribe; lo revela, acaso, en el compendio total de su obra. Los escritores, entonces, recibimos de la tradición el compromiso de llegar a ser expertos en el escondite. Pero esa es la regla, y las excepciones a veces sorprenden positivamente. En Historias de Luz, José Luis Espinoza no hace sino exponerse. No hay timidez en la enunciación del propósito de cada una de las narraciones, tanto en los encabezados como en las frases aclaratorias que de vez en cuando detienen los párrafos. Pero lo que expone José Luis es mucho más que un propósito narrativo, por eso la manifiesta aclaración de la intención del escritor no perturba la lectura de Historias de Luz, porque no es titubeo ni falta de confianza sino una magnífica y pertinente preocupación de pasar un mensaje: la bondad existe y se ejercita. En un mundo en donde la exacerbada individualidad conduce a un desvanecimiento del otro en cuanto no puede existir si no es para contribuir con el fortalecimiento de nuestra vanidad (consecuencia de una economía en donde los servicios son los bienes que mejores ganancias producen), la postura de José Luis Espinoza cobra una importancia tal que la urgencia de su pronunciación permite el uso de todos los vehículos disponibles: desde el discurso político hasta la fábula que ocurre en un frutero. Por supuesto, la sinceridad sigue siendo una exigencia en este esfuerzo de comunicación. La importancia del mensaje no alcanza para protegerlo de un uso hipócrita. Por eso hoy, en pleno siglo XXI y con tantas herramientas de comunicación disponibles, aún no estamos enterados todos los seres humanos de que la bondad es un bien vigente y que urge ser promovido. En Historias de Luz la sinceridad se percibe fácilmente, de nuevo porque el escritor no teme jalar las riendas del narrador cuando lo siente débil para detener la historia y asegurarse de que el mensaje es transmitido. Entonces, José Luis Espinoza ha escrito un libro vivo, lleno de él mismo y de sus intenciones, que, a mi parecer, rebozan pertinencia y deben ser expuestas tal como aquí ocurre.

Introducción

Jose Luis Espinoza

En un sueño profundo, como lo más hondo del mar, me encontré a una niña. Describirla es mucha pretensión, pero reconozco que encontrarla fue encontrar la verdad. Cuando fui testigo de su presencia ella se apoyaba en un cercado de madera, su mirada estaba clavada en el bosque. Al acercarme me di cuenta de su belleza y de su naturaleza. Es una niña hecha de luz.

Luz es una niña de pelo dorado como los rayos del sol, con ojos grandes llenos de amor. Su edad es aproximadamente de siete años, es pequeña de estatura para su edad. Su sonrisa es perfecta, la acompaña con sus mejillas rosadas y sus cejas dibujadas, encerrando sus grandes ojos color café claro. Sus ojos irradian luz como su nombre y desprenden la sabiduría de los dioses. Las palabras que usa trascienden las creencias y penetran los corazones. Aunque su apariencia es de niña, su sabiduría es infinita. Cuenta historias para hacer fácil la comprensión de lo abstracto y trascendental. Es humilde al hablar, pues habla desde el corazón. Es Luz, siendo luz en toda su expresión.

Cuando Luz se vuelve hacia mí, me dice: *Hoy me presento a ti, para hacerme presente ante todo aquel que me quiera escuchar. Te contaré pequeñas historias y al hacerlo contigo lo haré con todo aquel que me esté escuchando. En todo momento me estaré dirigiendo a ti.*

Mi procedencia es irrelevante pues vengo de todos lados. Este conocimiento es el recuerdo de lo que todos sin darse cuenta ya saben, es pues, una invitación a despertar.

Miro el bosque, pues la naturaleza y la simplicidad de tu mundo encierran la verdad que te libera de las ataduras. Esas mismas que el ser humano ha construido por generaciones, de las que ya hoy en día casi nadie es consciente y por consiguiente vive esclavizado por ellas.

Es un placer poder hablar contigo y que tú me puedas escuchar, hay siempre una leve voz que te habla, pero casi nunca es escuchada. Espero que, al escucharme, te escuches y seas capaz de sintonizar con la música que llevas dentro.

Tú me escuchas hoy por medio de estas palabras porque tu alma desea encontrar la sabiduría que emana de la luz, lo sepas o no, lo aceptes o lo rechaces.

Así que lo que hoy tengo que decirte es para ti.

Te hago la invitación pues a mi mundo mágico donde exploraremos cosas maravillosas. Este lugar es un jardín secreto donde todos desean ir, donde todos han estado alguna vez y dentro de ti vive el deseo de volver a él. Es aquí, en este jardín secreto, donde nacen los colores, donde los sonidos brotan, los amores surgen como flores y los poetas toman las palabras para crear arte.

Será un paseo inolvidable. Te invito a pasar una experiencia de aprendizaje divertida. Por medio de las historias que te relataré en este libro, tu consciencia empezará a despertar, con este leve sonido de palabras que como un cascabel levanta al gato que se encuentra dormido. Al despertar te darás cuenta de que aquello que te atormentaba era solo un sueño. Puedes seguir durmiendo si así lo deseas, pero una vez que veas la verdad de lo que eres y del poder de tu fuerza creadora, cualquier elección será la correcta para ti.

Este es pues el comienzo de un camino, el cual te puede llevar a cualquier lugar. Descubrirás cosas a tu alrededor que siempre habían estado ahí y tendrás la oportunidad de verlas de una manera diferente.

Te pido atentamente que consideres estas historias como una analogía de lo que es tu vida y tus situaciones, pues lo son. Como es arriba es abajo, como es adentro es afuera.

La meta es la consciencia, el amor es la herramienta.

Capítulo 1
Trascendencia

Con la siguiente historia, intentaré mostrarte la importancia de la vida, la importancia de la existencia. Las posibilidades más allá de la vida y la unicidad entre todo lo que existe.

En una amplia mesa, alargada y con bordes muy finamente pulidos, se encontraba un frutero de gran tamaño. En él había una variedad de brillantes y hermosas frutas. El sol que entraba por la ventana alumbraba la mesa y hacía resaltar su belleza. Un plátano que estaba separado del resto, aunque aún en el mismo frutero, se preguntaba a sí mismo «¿quién soy?», con la esperanza de que alguien lo escuchara y le pudiera responder. El resto de las frutas reposaban plácidamente dejando que su parte más brillante reluciera con los rayos del sol que entraban por la ventana. Al parecer, nadie le dio importancia a los cuestionamientos de aquel loco plátano. Sin embargo, el plátano seguía preguntándose en voz alta, «¿quién soy?».

—Pues eres un plátano, mírate—dijo de pronto una manzana que se encontraba cerca suyo.

—Sí, yo sé que soy un plátano—contestó entusiasmado el plátano, pues por fin alguien se dignaba a hablar con él—. Pero, ¿quién Soy? —insistió.

—Bueno—contestó la manzana —, eres plátano porque no eres una manzana como yo. Yo soy redonda y verde, tú en cambio eres amarillo y alargado.

—¿Entonces tú sugieres que soy mi forma física y mi color? —preguntó el plátano incitando a la manzana a explicarse mejor.

—No, no es eso precisamente a lo que me refiero. De lo que hablo es de que eres único y diferente a mí y a todos los demás, no sólo por tu fisiología y color. Me refiero a que no puedes ser otro que no seas tú —enfatizó esto último la manzana—. Más, sin embargo, vale recordar que también, en alguna forma más profunda, todos somos uno.

De pronto, desde el frutero habló un melón, el cual desprendía un fuerte olor.

—Mira plátano; no sólo eres único físicamente, lo que tienes dentro también te hace ser único y diferente. Por ejemplo —prosiguió el melón—, yo en mi centro, tengo un vacío aparente, pero a su alrededor se encuentran una inmensa cantidad de semillas y lo más maravilloso de esto, es que cada semilla representa una posibilidad de vida de un nuevo melón— expresó con mucho orgullo—. Como ves, el ser melón tiene sus grandes ventajas, aunque exista un aparente vacío en el centro.

El plátano animado por la conversación, le preguntó al melón:

—¿Por qué desprendes ese olor tan fuerte y peculiar? — preguntó el plátano animado por la conversación.

—Bueno, eso es una señal de que estoy maduro. Pero independientemente de eso, cada uno tenemos un olor particular. Incluso otros melones físicamente igual que yo, sus olores varían en pequeñas proporciones, unos menos fuertes que otros —y agregó—, esos pequeños matices son lo que nos hacen diferentes y únicos, incluido tu—. El melón respondió muy seguro de su respuesta.

Entre toda la fruta, había una naranja que empezaba ya a pudrirse. En ese momento llegó María, la dueña de la casa y al darse cuenta, la tomó en sus manos. Le quitó la cáscara, se comió la parte que aún servía y el resto lo tiró en un contenedor especial que contenía restos de otras frutas y verduras.

Esto, como era de esperarse, desató una serie de cuestionamientos para aquel curioso plátano que entonces preguntó:
—¿Es ese el destino de las naranjas? ¿Cuál será el mío entonces?

Se escuchó la voz de una gran fruta que sobresalía de entre todas las demás. No sólo por su tamaño, también por su majestuosa belleza. Era la sandía, que dijo:
—Me gustan las frutas que se cuestionan todo, mi estimado plátano. Normalmente yo soy una de las frutas que más tiempo pasa en el frutero. Para mejor decirlo, las sandias son las frutas que más tiempo pasan en el frutero y la principal razón es que nuestra naturaleza de cáscara dura y otras características particulares, nos hacen más resistentes a las temperaturas. También los humanos, una vez que nos abren tienen un tiempo limitado para aprovechar nuestra frescura y sabor.
—Entiendo —dijo el plátano—. Pero ¿y la naranja? ¿Qué pasó con ella? Y lo que más me preocupa... ¿Qué va a pasar conmigo?
—Pues bien, mi estimado plátano, lo que va a pasar contigo no lo sé. Y la razón es simple, pues todavía no sucede. Y las posibilidades dependiendo de dónde estás ahora son muy variadas. Pero primero, exploremos lo que ha pasado con la naranja—. La sandía ahora se mostraba emocionada pero segura de sí misma por compartir su sabiduría con el curioso plátano—.

Mira plátano, la naranja para empezar ya se estaba pudriendo. Esto cambió, aceleró su destino y a su vez la dirigió a esta posibilidad que acabas de presenciar.

—Pero, ¿por qué? — preguntó el plátano.

—Bueno, porque el humano por su inteligencia, sabe que si una naranja está podrida en un frutero, la interacción con el resto de las frutas, podría llevarnos a pudrir también.

—Entonces, ¿así es como todas las frutas llegamos a nuestro destino más rápido? — preguntó de nuevo el ingenuo plátano.

—Bueno, pues es una posibilidad, se podría decir que sí. Pero, sin embargo, continuó diciendo la sandía; para cada una de las frutas de este frutero esas posibilidades son mayores o menores, dependiendo de muchos factores exteriores y de cada una de las frutas en particular. Por ejemplo, algunos serían: la distancia que existe entre tú y la fruta contaminada, la resistencia de tu naturaleza, la protección que tengas o el tiempo que permanezcas junto a esa fruta podrida, entre otros muchos factores. Pero este destino— continuó la sandía— el que acabas de apreciar en la naranja, no es en sí el destino final, como tampoco lo será el tuyo.

—A ver, a ver, a ver...— hizo una pausa el plátano como tratando de entender lo que escuchaba—. ¿Cómo está eso que de que no es el destino final? Todos acabamos de ser testigos de ello. ¡Explícamelo!

—Sí, claro— dijo la sandía—. Ante nuestra vista ha ocurrido la desintegración de la naranja. La mitad se ha ido a la basura y la otra mitad la ha comido el humano—. Pues bien, la mitad que se fue a la basura tiene varias posibilidades como destino. Ahora, de éstas la que a mí en particular más me gustaría es la siguiente. Este tipo de basura orgánica, normalmente es depositada en un cajón hecho de madera. Este cajón contiene muchos restos de otras frutas y vegetales. Estos compuestos orgánicos en conjunto y por medio de su fermentación crean nutrientes muy especiales que apoyan a crecer los vegetales, legumbres, plantas y árboles, lo que genera que nuestra querida naranja resurja como parte de nuestros hermanos, y así sin un fin, se va transformando por una infinita cantidad de posibilidades.

—¡Qué interesante! — contestó muy sorprendido el plátano—. Entonces, ¿sugieres que somos eternos?

—Sí— dijo la sandía—. Aunque debes saber que esta eternidad se divide en múltiples partes de nuestra esencia que resurge en muchas otras formas de vida. Aunque el pensar en todas estas posibilidades pueden distraerte de lo verdaderamente importante, que es esta tu realidad. Es gracias a que en este momento existes que puedes cuestionarte quién eres, puedes disfrutar quién eres y Ser lo que Hoy eres en toda su expresión.

—Permíteme ahora hablarte brevemente de la otra mitad de la naranja. Esto con el propósito de destacar la importancia de lo que cada uno somos— explicó la sandía—. El humano que ha ingerido la otra parte de la naranja por medio de un sistema de digestión que es perfecto, utiliza una parte de las propiedades y nutrientes de la naranja, como el azúcar, para que éste lleve a cabo sus propósitos inmediatos. Aunque parezcan mayores a los de una vida vegetal, son iguales que los nuestros, pues todos existimos gracias a la conexión infinita de unos con otros. Otros nutrientes de la naranja tienen otros propósitos igual de importantes, una parte de la naranja, es desechada por el ser humano, depende de con quién salga acompañada y a dónde vaya a parar, así mismo se desarrollarán sus destinos. En los cuales no creo necesario entrar en detalle pues creo te los puedes imaginar.

—Gracias gran sandía— dijo el plátano, esta vez con una gran satisfacción de saber qué útil e infinito puede ser su destino. Con un poco de curiosidad restante y cierta duda, preguntó una vez más—. ¿Cuál será mi destino más próximo según lo que sabes sandía?

—Pues, aunque no existe en sí como algo real —contestó la sandía—, te puedo decir que las posibilidades más factibles en base a lo que eres, son: un humano puede ingerirte y terminar como la mitad de la naranja que se comió María y tu cáscara terminar en el cajón de desechos orgánicos.

En ese momento, María llega de nuevo a la mesa, toma una lonchera color morado, mete en ella tres manzanas, tres naranjas y el plátano de la historia. Se dirige al parque del vecindario a escribir un rato, a comer fruta mientras lee y quizás a alimentar los patos con trozos de plátano.

"No tienes que saber hacia dónde vas; lo importante es estar en camino. Valora el momento presente. Aférrate a cada momento de tu vida y saboréalo".

Dr. Wayne Dyre

Capítulo 2
Planeta Tierra

*Desde donde yo vengo lo que se ve en tu mundo duele
profundamente. La intención de la siguiente historia es apoyarte
a crear consciencia de tu rol en la creación de la realidad.*

*Siempre que me refiera a los hermanos me estaré refiriendo a ti
y a la humanidad. Cuando hable de la madre estaré hablando
del planeta tierra.*

En un lugar lejano, se encontraba un monasterio lleno de paz y seres extraordinarios. Entre ellos había un gran sabio que había pasado por incontables experiencias. Él había encontrado la conexión con la divinidad, pero en su iluminación, sintió la necesidad de bajar a la aldea más cercana a interactuar con las gentes de aquel lugar. Al bajar a aquella pequeña aldea fue a visitar a varias familias y se dio cuenta de que todas tenían el mismo tipo de comportamiento. Variaban las cosas y los modos de una familia a otra, pero el patrón de comportamiento se repetía en todas, con excepción de uno que otro miembro que eran señalados como locos.

Basado en esta observación el sabio decidió quedarse a convivir con ellos un tiempo y hacer algo para cambiar aquel errado camino que estaban siguiendo. Al quedarse, pretendía observar los comportamientos de los miembros de estas familias con el único requisito de no interferir, al menos que se lo pidieran atentamente.

Era obvio que las cosas no estaban bien, el dolor, la tristeza, la suciedad, la infelicidad y la desarmonía, lo gritaban a distancia. El sabio se preguntó «¿qué es lo que hace que estas familias estén así?». Sin duda había razones para que los miembros de la familia estuvieran en esta situación, sin embargo, él sabía que era algo ya pasado y serviría de muy poco indagar sobre ello. Lo que el sabio decidió hacer fue observar esos comportamientos. Había unos hijos desobedientes y sordos ante los reclamos de la madre. Había otros que no sólo eran desobedientes, sino que maltrataban física y verbalmente a su madre, lo que obviamente no era algo sano en su relación. La madre los amaba incondicionalmente pero también sufría por los actos inconscientes de sus hijos.

Había otros que se hacían daño a sí mismos, física y psicológicamente. Había también aquellos que creían estar en lo correcto y manipulaban al resto de los hermanos, basándose en sus problemas personales para sacar provecho. Éstos justificaban sus acciones con una serie de razones que ante la vista de otros parecían reales por su organizada forma. Incluso había algunos que se creían tan poca cosa que no consideraban que pudieran hacer nada de valor. Eran pues muchos los hijos y variadas las formas de desobediencia y agresión hacia su madre.

Otros deseaban que aquella situación cambiara, pero tenían demasiadas excusas y razones para mejor no hacerlo, y terminaban haciendo lo mismo o simplemente tratando de no ver, no oír y no hacer nada por cambiar la situación.

Entonces el sabio se preguntó «¿cómo puedo yo apoyar a esta familia sin interferir?». La única forma viable era que aquellos que anhelaban un cambio pidieran consejo al sabio. Si alguien lo hacía eso abriría la posibilidad de que el sabio pudiera enseñarle la verdad por medio del conocimiento, y esto crearía la posibilidad del cambio. Era claro que, si algún miembro de la familia obtuviera esa verdad aun así no habría garantía de que la situación cambiara, y sin embargo esta era una de sus pocas oportunidades. Aunque existían otras, como llevarse aquel miembro de la familia que estuviera interesado al monasterio y enseñarle todo lo que él sabía. Esta opción, sin embargo, requeriría de mucho tiempo y además la familia se quedaría sin este miembro por un buen tiempo y lo más probable sería que a su regreso estuvieran aún peor, hasta el grado que no les interesara en lo más mínimo lo que les pudiera decir. Algo así como la situación del sabio en ese momento. Entonces decidió quedarse incondicionalmente sin tiempo definido.

La sola presencia del sabio y sus hábitos diarios llamaron la atención de uno de los miembros, a quien llamaremos 'el aprendiz'. Todos los miembros de su familia deseaban la Paz, la alegría, el amor y el desapego que el sabio practicaba con tanta eficacia. Cada uno a su manera expresaba ese deseo, algunos con coraje, otros con acciones y otros con preguntas. Un día al despertarse este 'aprendiz' se percató del pájaro que alegremente cantaba en una rama cerca de la ventana. Este simple hecho, más la contemplación del sabio, habría una brecha hacia el anhelo de algo mejor que aquella su realidad. Por este impulso, se acercó al sabio y le habló de su situación, sus preguntas y deseos. Es de esta manera que la puerta se abrió para que el sabio le mostrara las respuestas a sus preguntas.

Cuando el aprendiz escuchó las respuestas, comenzó a darse cuenta que de alguna manera que no se explicaba con lógica, él ya las conocía. Parecía como si el sabio sólo le ayudara a recordar lo que ya sabía. El aprendiz se dio cuenta que al vivir en base a estas verdades se sentía mejor consigo mismo y veía más posibilidades de apoyar a sus hermanos y a su madre. Aunque le hacía sentirse triste ver la situación y comportamiento de sus hermanos, entendía que se trataba de ellos y que la mejor manera para que él pudiera apoyarlos era seguir ese camino que el sabio le mostraba con sus enseñanzas y ejemplo. Gracias a esto, ahora le era posible ver las cosas desde afuera y no necesariamente ser parte de todo el drama causado por el dolor, la culpa y la desesperación.

Cuando el aprendiz decidió adentrarse más en el camino del sabio, se dio cuenta de la responsabilidad que esto implicaba y todas las cosas que requería integrarlo en su día a día. Empezó a cambiar sus hábitos de comer, de dormir, empezó a ejercitarse, a ocuparse de sí mismo y de sus hermanos y su madre, con pequeños detalles al principio, pero llenos de amor y desapego. Cosas como sacar la basura y ponerla en su lugar, lavar los trastes sucios, o limpiar la casa con regularidad. Cuando los hermanos veían las acciones y cambios del aprendiz, empezaron a considerar la idea de hacer lo mismo. Por su parte la madre se sentía agradecida por lo que su hijo hacía, sentía que gran parte de su dolor era transformado en alegría. Era como si sanara su cuerpo con el simple hecho de que uno de sus hijos ya no la maltratara. En algunas ocasiones incluso le ofrecía regalos especiales como recompensa por su buen comportamiento sin que los otros hermanos se dieran cuenta, pues sabía que si se enteraban tendrían celos y envidia.

Cuando otro de los hermanos decidió seguir los pasos del aprendiz, fue entonces que se dio cuenta que estaba valiendo la pena la dedicación y la paciencia de seguir el camino que el sabio le mostraba cuando se lo pedía. De esta manera la familia progresivamente se transformó en una familia llena de amor y alegría. Cada uno de los miembros de la familia tenía sus responsabilidades y las llevaba a cabo con gusto y agradecimiento de poder hacerlo. Todos apreciaban a su madre por acogerlos como hijos. Cada hermano estaba dispuesto a apoyar a su hermano quien este fuera, sin importar su nombre, color o cual hubiese sido su comportamiento antes. Todos se reunían con regularidad para ver cómo podían ayudarse entre sí, organizaban un día a la semana para apoyar a los que más necesitaban. Las cosas ahora se mantenían limpias, la basura estaba en su lugar y reinaba la paz en la mayoría de los hogares. También existían algunos que otros que no acataban estos tipos de hábitos y seguían con sus antiguos y destructivos comportamientos. A estos hermanos descarriados se les daba libertad y se oraba por ellos y su transformación, mas no se interfería en su proceso. Gracias a estos hábitos y grandes valores que ahora practicaban, las casas estaban en orden, había armonía, cada cual se sentía en su hogar, siempre había suficiente comida para todos, la madre estaba feliz y agradecida con todos y hacía empanadas de dulce con frecuencia. Disfrutaban de los días con sol y las noches de luna, con el fuego y cantos. Hasta crearon un jardín con pasto verde y columpios que colgaban de los árboles para los nietos que empezaban a crecer. Era un hermoso parque donde todos tenían la oportunidad de recrease y divertirse cuando lo desearan.

El sabio en su camino de regreso al monasterio, sabía que todo estaría bien, pues por su sabiduría el resultado de la transformación de uno solo, crearía una reacción en cadena. Pues el bien es por mucho más poderoso que el mal y la esencia de todos los seres vivos proviene del bien y es el bien. Por lo tanto, al encontrase cada hermano con su esencia, es como el reconocimiento último de lo que verdaderamente es.

"*Nadie nace odiando a otra persona por el color de su piel, o su origen, o por su religión. La gente aprende a odiar, y si ellos pueden aprender a odiar, también se les puede enseñar a amar. El amor llega más naturalmente al corazón humano que su contrario*".

Nelson Mandela

Capítulo 3

La Vida

Deseo mostrarte de una manera simple, pero profunda, la esencia de la vida y sus etapas.

En la siguiente historia verás cómo se desarrolla una vida y cómo lo que parece el final, sólo resulta ser el principio de algo más grandioso aún.

Imagina por un momento el paisaje que te voy a describir.

Hay espacios donde crecen flores de muchos colores, plantas que dan fruto, animales pequeños y otros seres vivos aún más pequeños. Hay muchos árboles frondosos. Algunos tienen flores, otros tienen frutos, otros más sirven de refugio y lugar donde albergar vida. En este lugar, existen muchas cosas interesantes que encierran grandes enseñanzas. Vamos a explorar la vida de ese árbol grande y verde que está ahí al fondo. Es un árbol de mango. La historia de este árbol empezó hace ya un tiempo atrás, cuando apenas era una flor adherida a una rama. Conforme pasaron los días, nació y creció un bebé mango, su color era verde y estaba muy saludable. Este bebé mango comía y bebía de su papá-mamá, pues estaba unido a él.

Con el tiempo creció, subió de peso y su tamaño aumentó. Una vez maduro, supo que había llegado el momento de soltarse de su papá-mamá. El miedo a soltarse lo paralizaba, pues no sólo era el hecho de la caída desde su posición hasta el suelo lo que lo asustaba. También le aterrorizaba pensar que ya estaría solo y sin el apego a todo aquello que había tenido desde su nacimiento hasta ese día.

En una mañana que soplaba un fuerte viento, fue impulsado para desprenderse de aquello que lo unía a papá-mamá.

Mientras se dirigía al suelo, su miedo lo invadía y crecía cada vez más, pues sabía que ya no estaría protegido. Aunque la caída duró unos cuantos segundos, fue todo un acontecimiento para él. Una vez tirado en el suelo entre las hojas, se sentía desamparado y nervioso, quería hacer algo pero no podía, por más que intentaba no conseguía siquiera moverse, lo cual le hacía sentir aún más desesperación y angustia.

Pasó días ahí tirado, sintiéndose solo y desgraciado. No sabía que pasaría después, todo resultaba muy incierto. Pasaron varias noches en las que experimentó todo tipo de sentimientos extremadamente agudos que lo hacían constantemente renegar. Por si todo esto fuera poco, en un amanecer llegó un emplumado pájaro y lo picoteó para comer sus jugosos néctares, aquellos que hasta entonces lo protegían.

Ahí comprendió gran parte de lo que él era y lo que significaba su destino. Pues una parte había servido de alimento para aquella hambrienta ave que necesitaba alimentarse.

Pero aún no era todo, venían cosas interesantes por pasar. De repente en su aceptación, miró hacia arriba e increíblemente observó que su papá-mamá había estado siempre ahí protegiéndolo con su sombra y su presencia. Él, por estar metido en su situación no se había percatado de ello. Este descubrimiento lo hacía inmensamente feliz, daba gracias, pues el saberlo le proporcionaba seguridad y confianza.

Todo transcurría bien y en paz, todo parecía tener sentido, había pequeños cambios en su organismo, pero todo parecía natural. Hasta que un día, apareció una enorme vaca, lo devoró y tragó hasta el fondo de su inmenso estómago. Viajó un par de días en un ambiente caluroso y desagradable acompañado de estiércol, olores horribles y compañeros indeseados. De nuevo volvió a sentir miedos e inseguridades, volvió a cuestionarse y a dudar en lo que había creído hasta entonces.

Finalmente fue arrojado en un paraje cerca de un río. Al llegar no conocía a nadie, el lugar era totalmente nuevo para él y lo que conocía hasta hacía poco. Se dio cuenta que ya no tenía sobre él ni un solo pedazo de protección, pero se ve maravilló al darse cuenta de que aún conservaba su corazón.

El mango aceptó su situación actual y decidió fluir con el momento, esperando pacientemente lo que pudiera venir, con la certeza de que sería una bendición. La humedad de la lluvia y la tierra que ahora lo acogía con su amor, lo incitaron a echar raíces. Una vez que éstas se aferraron a la tierra desde el fondo de su corazón comenzó a brotar un nuevo árbol, que se abrió paso a través de su cuerpo en busca de la luz.

Entonces el mango en su esencia, comprendió que todo lo que había pasado era necesario para crecer y llegar a este momento donde la vida se extiende en el espacio y se prepara para algo aún más grande. Como papá-mamá, él ahora podrá crear vida para otros y alimentarlos por medio de sus ramas, mientras él se alimenta de la tierra y la tierra le da lo que necesita para crecer y cumplir su propósito.

Pues bien, esta es una historia maravillosa como millones de otras que suceden simultáneamente dentro de ti y a tu alrededor. Cada día vives nuevas experiencias que te llevan a ser quien eres, algunas parecerán "buenas", otras "malas", pero todas tienen un por qué para ti. En ellas, encontrarás verdades esenciales para la vida que harán que tu vida sea sencilla y te facilitará entender lo que te sucede. Su misión es enseñarte de una manera clara a ver la verdad que te hará libre. ¡Tú verdad!

Todo ser vivo tiene un propósito. La realidad de cada uno es un aprendizaje que conduce hacia ese propósito en la vida. Cada situación es un regalo de la divinidad dado con amor para tu crecimiento.

"El centro de tu corazón es donde la vida comienza. El más bello lugar en la tierra."

Rumi

Capítulo 4

Los Sueños y la Fe

*Con la intención de tocar tu corazón, enseñarte el valor que
tiene soñar, creer en ti mismo y sobre todo tener fe en la fuerza
creadora que te permite vivir y respirar ahora, te contaré esta
historia que de alguna manera ejemplifica todo esto.*

Todo comienza en alguna parte del mundo, en un caluroso desierto, donde parece que no pasa nada y todo se ve quieto y en paz. Ahí crece un pequeño cactus junto a su mamá-papá cactus. En este lugar donde ocasionalmente algún ave sobrevuela o se posa sobre ellos y algún que otro reptil se arrastra sigilosamente sobre su base, surge un sueño loco y aparentemente imposible. El pequeño cactus sueña con conocer el mar. Este sueño nació el día que el pequeño cactus escuchó a aquella ave viajera relatarles con todo lujo de detalles hace un tiempo ya, a él y a su mamá-papá, muchas de sus aventuras en sus largas travesías. Cuando el ave describió aquello que ella llamaba Mar, el pequeño cactus quedo anonadado con aquel paisaje. ¿Sería por el contraste de sequía y agua abundante? ¿O sería por conocer algo tan, pero tan distante? Sólo el pequeño cactus tenía las respuestas a todas esas interrogantes. O tal vez, ni él las sabía. Pero lo que sí estaba claro es que, en ese momento, en su interior, un sueño surgía. Se dijo así mismo, «quiero conocer el mar».

—Quiero conocer el mar —le dijo una tarde a su mamá-papá mientras el sol se ocultaba en el horizonte.

—¿El mar? —preguntó su mamá-papá exaltado—, ¡eso sólo puede ser una mentira del ave viajera, pequeño cactus!

—Yo sé que existe y sé que es posible visitarlo —contestó entusiasmado, pues para alguien que no ha vivido tanto tiempo, lo imposible es posible. Esto gracias a que las creencias que limitan, aún no se habían instalado en él.

Su mamá-papá con bondad y amor por su hijo, le contestó a su entusiasta afirmación —Sólo te diré que eres libre de soñar lo que desees. Aunque yo no creo que sea posible, esto no te tiene que detener. Yo te amo y estaré aquí para ti por siempre.

Pasó el tiempo y un buen día ya casi para obscurecer, a lo lejos se dejaron ver dos siluetas. Eran una pareja de humanos y caminaban con dirección a ellos. Jugueteaban con la arena, reían y su alegría era clara ante cualquiera. La presencia de mamá-papá cactus invitaba a estar en aquel lugar pues en el desolado desierto cualquier forma toma más importancia de lo normal ante el ojo humano. Armaron una pequeña tienda de lona cerca de mamá-papá cactus y su pequeño. Al parecer, habían decidido pasar la noche en aquel lugar. Las estrellas brillaban como si supieran que algo estaba a punto de suceder.

Fue hasta el amanecer, con la claridad del nuevo día que la joven se percató de la belleza del pequeño cactus y de la majestuosidad de su mamá-papá. Para ella todo era hermoso ese día, la luz tenue que tocaba la parte alta de las dunas, las sombras con figuras geométricas, el contraste de los colores del azul del cielo y el naranja obscuro de la arena, era algo de lo que disfrutaba en ese momento. Sentada sobre la arena contemplando toda esa belleza le hizo saber a su compañero que quería llevarse aquel pequeño cactus. Aunque a su compañero le pareció una idea un poco descabellada, accedió y le ayudó a sacarlo de raíz y llevarlo al carro que se encontraba a no mucha distancia del lugar.

Es aquí, donde el pequeño cactus se dio cuenta, mientras lo tomaban, de que las cosas no volverían a ser igual. Mamá-papá cactus sólo observaba con dolor como su hijo era arrancado de su lado. El futuro en ese momento era incierto y desconocido, y la incertidumbre y el miedo que la acompañaban eran como buitres que devoran. En todos esos años en el desierto nunca había visto nada igual. Ahora todo era incierto, había una inmensidad de preguntas sin respuestas mientras el pequeño cactus se alejaba cada vez más. Sólo cuando la distancia fue tanta que no lo pudo ver más, fue que pudo llorar y con el llanto aceptar que debía dejarlo partir. No había nada que pudiese hacer, únicamente el creador sabía cuál era la verdadera razón de aquello que sucedía.

El pequeño cactus sentía un profundo miedo. Le parecía que todo aquello que estaba pasando era muy extraño. Nunca antes en su corta vida había experimentado la presencia de humanos y mucho menos había interactuado con ellos. Ahora estaba en sus manos y prácticamente su destino dependía de lo que estos dos extraños decidieran hacer con él. Todo ser vivo experimenta algún tipo de miedo a lo desconocido y en el caso del pequeño cactus no era una excepción. Lo habían arrancado del lugar donde había crecido y de la protección de su mamá-papá. De no ser por aquella impresión de felicidad y alegría que había experimentado al ver a aquella joven esa mañana, el temor sería tal como el del preámbulo a la mismísima muerte.

Dentro del pequeño cactus brillaba una esperanza y lo mejor era que la vida no se había ido aún. La travesía en esa cosa fue toda una aventura llena de sobresaltos, sin contar que la temperatura que ahí se sentía, era húmeda y lo marchitaba cada vez más. Hubo varias veces que sintió la muerte cerca, muy cerca, sobre todo en aquellos momentos donde la pareja se bajaba del carro a comer y lo dejaban ahí solo y sin protección. Después de muchas, muchas horas de camino perdió el conocimiento.

Cuando el pequeño cactus volvió en sí de nuevo, lo que contempló frente a él casi lo vuelve a dejar inconsciente de nueva cuenta. Era el Mar. Estaba ahí frente a él, una cantidad inmensa de agua que se extendía en el horizonte sin que el fin fuera visible. Era majestuoso, azul, radiante, hermoso, excedía por mucho lo que el ave viajera les había contado a él y su mamá-papá. Apenas lo podía creer, el universo había hecho para él un milagro. Algo que era imposible estaba siendo manifestado. Entendía que soñar era factible, lo estaba experimentando. Todo se había acomodado en su lugar para que aquello sucediera. El agradecimiento se manifestaba en lágrimas de alegría. Su sueño se había cumplido.

Pasaron los días y los disfrutó contemplado la belleza de esa que era su realidad. Todo era hermoso, hasta que su color empezó a cambiar y dejo de crecer, su salud no era buena. Tal vez el exceso de agua, tal vez la diferencia de temperatura. Sólo el creador tenía las respuestas a esas preguntas.

Cuando la joven de la casa se percató de lo que le estaba pasando decidió llevarlo hasta el desierto de nuevo. Aunque su compañero nuevamente no estuvo totalmente de acuerdo, la ayudó a llevarlo de regreso. Pensaban dejarlo a un lado del camino, pero el buen corazón de la joven y su intuición, la condujeron hasta el mismo lugar de donde lo habían tomado, y lo plantaron de nuevo junto a su mamá-papá.

He aquí la belleza del universo, he aquí la perfección de todo lo que sucede. Todo se alineaba de nuevo esta vez para hacer otro sueño realidad.

—¡Hijo! —exclamó mamá-papá sollozando—, ¡sabía que regresarías!

Pues mamá-papá había estado soñando con su regreso por todo este tiempo en el que su pequeño cactus estuvo ausente. Aunque dudó muchas veces que fuera posible, su hijo que había estado lejos, estaba de regreso a su lado. No sólo el pequeño había logrado el sueño de conocer el mar, mamá-papá a su vez estaba comprobando, a pesar de su incredulidad que se valía soñar. Nunca es tarde para soñar por lo que se ama de verdad.

Es así de increíble y perfecto el universo, cuando se sueña y se tiene fe, lo imposible se manifiesta ante los ojos de quien lo cree. Las posibilidades de que algo se manifieste son infinitas. Hay con seguridad más de una manera de llegar al mar y de recuperar a un hijo perdido. Atrévete a soñar y ten fe. Quien te da la vida te dará incluso aquello que tu razón no ve.

"La vida es una serie de cambios naturales y espontáneos. No te resistas a ellos pues esto sólo crea dolor. Deja que la realidad sea la realidad. Deja que las cosas fluyan naturalmente hacia adelante en la forma que deseen."

Lao-Tse

Capítulo 5

Leo y el Jardín Mágico

*La importancia del Yo Soy, del potencial divino que vive en cada
uno y la capacidad de visión, son sólo algunas de las cosas que
.encierra esta próxima historia. Aunque tal vez algunos de los
conceptos te puedan parecer abstractos te pido que mantengas
tu mente abierta. Lo que tú eres es muy importante y tengo la
intención de que lo veas por medio de Leo y su viaje astral.*

Libre, así se sentía Leo cuando caminaba por el bosque que
estaba detrás de su casa. Cada día después de llegar de
la escuela solía dar un paseo entre los árboles, mientras
reflexionaba las cosas que había vivido en el día. Se sabía cada
rincón, cada escondite y hasta la ubicación de sus árboles
favoritos.

Siempre había sido curioso y buscador, le apasionaban
las aventuras, fantaseaba con algún día viajar a otro planeta o

conocer a un alienígena. En los viejos libros que guardaba el abuelo en el ático de la casa, había leído en una ocasión que según experiencias de seres humanos era posible entrar a otros mundos o realidades. También había otros libros que contaban historias extraordinarias de encuentro con extraterrestres. Pero esto a él le parecía imposible, pues en primer lugar no consideraba que tuviese algún don especial ni nada de eso y tampoco conocía a nadie que enseñara alguna técnica para hacerlo. Por eso y más se limitaba sólo a imaginarlo.

Era sábado el día en el que sintió el impulso de ir al bosque, normalmente sus paseos eran por la tarde, pero en esta ocasión era de mañana. Apenas rallaba el sol entre los árboles. Leo caminó por aquel lugar como hacía de manera habitual. Llegó hasta el árbol más grande y frondoso de todo el bosque y se sentó entre sus raíces. Estaba relajado contemplando como inhalaba y exhalaban aire sus pulmones.

De pronto frente a él en un abrir y cerrar de ojos apareció una imagen que no pertenecía a ese lugar. Era como una gran pantalla de cine. Al mismo tiempo sentía un gran impulso de caminar hacia ella. Leo se puso de pie y camino hacia allí, al adentrarse en esa pantalla su cuerpo se estremeció y sintió como si un remolino lo transportara. No sentía miedo por lo que veía pues le daba la sensación de que había estado antes en ese lugar. Era el espacio más hermoso que jamás había visto. Todo tenía vida.

«¿Estaré soñando?» Leo se preguntaba.

De manera simultánea, pero a la vez separada y clara, podía escuchar en una sola voz que provenía de diferentes fuentes. "Esta es la realidad, el sueño es el que crees que es la realidad". Decía la voz.

Él entendía perfectamente esas palabras, también a los

árboles y a las flores, sentía los movimientos de las hojas y el viento que tocaba su cara. El amor incondicional de los animales era palpable, como lo eran cada uno de los colores que adornaban a todas las criaturas de aquel lugar. En la contemplación de toda esa belleza despampanante, miró al fondo de aquel jardín mágico y vio tres enormes cristales color verde esmeralda que lo invitaban a avanzar hacia ellos. Leo podía comunicarse con todos los seres de ese lugar de una manera no verbal, y sin embargo la comunicación era clara y precisa.

Cuando estuvo cerca de los cristales quiso saber quiénes eran y les preguntó. En una sola voz le contestaron que eran él mismo en otro plano, que también podría llamarlos sus guías espirituales si lo deseaba, y que estaban ahí pues sus deseos del conocimiento los habían llamado. Aún inseguro, les preguntó por qué habría de confiar en ellos. De nuevo le hicieron saber que ellos sólo respondían a su llamada y era él quien lo había realizado, que era como un reclamo a su Ser mismo. Esto le dio a Leo la confianza indescriptible de que podía confiar.

—Tengo muchos deseos, algunos terrenales y otros inexplicables pero mi deseo imposible es poder viajar a otros mundos y realidades —. Les expresó Leo.
—Ésta donde te encuentras es otra realidad, la realidad de tu ser, donde tu cuerpo reposa tranquilamente en un lugar físico, donde tú no has muerto. En esta realidad no hay límites, puedes viajar a donde tú quieras, al pasado, a otros mundos, a otras realidades, a otras existencias. Aquí no existe la limitación del espacio ni del tiempo —y añadieron—. ¿A dónde te gustaría viajar?
—Al infinito — contestó Leo seguro y curioso a la vez —, quiero saber si hay un límite en la existencia.

De pronto, se sintió envuelto en una fuerza indescriptible que lo transportó por el universo a una velocidad de años luz. Leo empezó a sentirse mareado y se detuvieron. En ese lugar parecía que el tiempo no existía. Era como una coincidencia donde el pasado, el presente y el futuro eran una sola cosa. Observaba a su alrededor y contemplaba las incontables galaxias y estrellas. En la distancia podía observar una enorme nube negra que se unía a otra nube de luz brillante en forma de remolino, y entre sí a la vez creaban nuevos planetas y sistemas solares. Sabía que estaba muy lejos de su lugar original de partida. La sensación era de ser el observador sin cuerpo que todo lo mira. Esto le provocó cierto miedo que empezó a crecer cada vez más, y como una niebla lo empezó a cubrir. Era la mezcla de la distancia y la vulnerabilidad en el vasto universo lo que lo atemorizaba más.

De pronto sintió la presencia de un ser con túnica negra y sin rostro que se acercaba amenazante hacia él. Envuelto en pánico les gritó a sus guías y compañeros que quería volver, que no soportaba la presencia de ese ser de obscuridad. Ellos le hicieron saber que no pueden volver en ese momento, que es necesario primero que abrace a este ser. A Leo esa idea no le pareció para nada agradable y se resistió por un buen rato. Un momento después, tras su batalla de aceptación dónde se dio cuenta que era esa su única oportunidad para poder volver. Pidió a aquellos cristales que lo guiaban, que le ayudaran pues para él eso significaba una gran hazaña. Los tres Cristales le transmitieron un sentimiento de amor y confianza para que Leo pudiera dar ese paso.

Cuando finalmente Leo se acercó y lo abrazó, sintió un calor insoportable que lo quemaba, sentía como una especie de miel negra se pegaba en su cuerpo que a su vez le proyectaba una serie de imágenes catastróficas de muerte y sufrimiento. Cuando leo estaba a punto de desfallecer escuchó a sus guías que le decían "recuerda lo que eres". En ese momento sintió amor, conexión con aquel jardín y sus habitantes, recordó a sus padres y hermanos, el bosque y la escuela. Una potente luz empezó a crecer en su corazón con tanta fuerza que fue una trampa de amor para aquel ser. Se escuchaban los gritos de dolor y agonía mientras la luz y el amor de Leo lo transformaba. En un relámpago de luz color violeta esta presencia se elevó en el infinito, dejando una estela de amor y agradecimiento. Finalmente sintió que todo había quedado en un profundo silencio lleno de paz y armonía.

Entonces los tres cristales le propusieron volver. De nuevo esa misma fuerza lo impulsó a través del espacio de regreso. Al entrar de nuevo a la tierra se detuvieron en el jardín mágico y le hicieron saber que en ese punto iban a mostrarle algo que él antes de nacer, les había pedido que le recordaran. En ese instante aparecieron ante su vista una serie de ecuaciones y símbolos que van describiendo algo, hasta que de pronto Leo se da cuenta que estaba entendiendo la teoría de la relatividad de Albert Einstein. Inmediatamente después otra serie de imágenes esta vez envueltas en más de luz y obscuridad, estrellas y universos. Explicaban perfectamente la teoría del Bing Bang de Stephan Hopkins. Es ahí que entiende Leo en ese momento que: "Todo esto que has visto es sólo información. Pero a ti no te sirve de nada si no existes. El conocimiento es una herramienta, pero no define quien eres".

Apareció ante Leo un diamante verde esmeralda que irradiaba luz a su alrededor.

Escuchó entonces: "esto eres tú, el principio y el fin de todo lo que existe. Todo existe pues tú existes. Y nada existe si tú no existes. Pero tú existes aquí y ahora. Ámate y ama todo lo que existe. Haz lo que más te hace feliz y disfruta de cada momento. Eres inmortal, tu cuerpo es un maravilloso vehículo que debes cuidar, amar y en algún momento tendrás que dejar. Pero no eres tu cuerpo. La divinidad vive en ti y también en todo cuanto existe."

A Leo entender esto no le costaba en ese momento, a la misma vez le hacía sentir un gran alivio y realización.

—¿Cómo es que yo puedo entender todo esto si apenas soy un niño? —. Preguntó Leo.

—Tu edad es irrelevante, tu cuerpo es joven pero tu espíritu es eterno e inmortal —. Le contestaron.

—Quiero regresar, dice Leo, mi mama estará preocupada.

—Claro que sí — le contestaron—, sólo deseamos hacerte saber que puedes acceder a este lugar por diferentes maneras, es recomendable sin embargo que recorras el camino de la auto observación y el conocimiento a través de la disciplina y los buenos hábitos. Cuando el alumno está listo aparece la oportunidad. Habrá quien te diga que no está bien, que no se puede, que para qué, pero tú y solamente tú, sabrás dentro de ti si debes o no hacer algo así. En este espacio estarás seguro y podrás ser instruido, pero siempre tendrás la libertad de elegir. Ahora volverás a tu cuerpo —continuaron—, y todo volverá a ser igual que antes. Recuerda que eso que vives en tu cuerpo y esa vida es un sueño, es una manera de experimentar y trascender. La realidad se extiende más allá de solo eso.

Luego Leo, sitió cómo entraba en su cuerpo y abrió los ojos. Al despertar se dio cuenta que ahora todo tenía sentido, sintió veneración por los árboles y los animales de aquel lugar terrenal. Estaba ansioso por contarles a sus hermanos, a su mamá y a su papá lo que acababa de experimentar. Animado se lo contó con todo con lujo de detalles a cada uno de ellos, a nadie pareció creerle ni importarle, excepto a su mamá; que aunque no entiende, sabe que es verdad.

Dentro de sí mismo escucha la indicación: "lo más importante es que tú lo creas. Quien esté preparado, té escuchara."

"Eres el universo entero expresándose a sí mismo en forma humana por un pequeño momento."

Eckhart Tolle

Capítulo 6

El miedo

—¡Corre, corre! —gritó Luisito a su hermano Rica, visiblemente desesperado.

Se acercaba una gran tormenta. Era obvio que llovería a cántaros y con rayos. A lo lejos se veía el resplandor de los relámpagos y el cielo se obscurecía cada vez más.

—¿Cuál es la prisa? —preguntó Rica con su calma singular.

—¿No ves que la tormenta se acerca y si nos tardamos un poco más no podremos cruzar el río? Y además si pasamos cuando esté crecido es probable que nos ahoguemos —añadió Luisito asustado.

Tratando de calmar a su hermano mayor, Rica le explicó mientras caminaba tras él que la creciente del río tardaría buen rato antes de llegar a ese lugar.

Sin embargo, Luisito seguía preocupado y con gran prisa.

Pasaron el río y antes de subir aquella colina llena de pinos y piedras, empezó a caer la tormenta sobre ellos de una manera brutal. Agua por todos lados, crecientes bajando por el camino, relámpagos y truenos muy cerca de ellos. Luisito, asustado, se refugió bajo una gran roca en la que había una pequeña caverna. Se metió ahí y no quería salir.

Aunque Luisito no tenía una explicación a aquel miedo que prácticamente lo paralizaba, sabía que era real y que lo sentía en todo su ser. Esa tormenta en medio de la nada era realmente para él, una amenaza de vida o muerte. Aunque en su corta vida este tipo de eventos no eran frecuentes, el miedo sí que era frecuente ante muchos otros eventos de su vivir diario. El miedo a la muerte que experimentaba Luisito, es experimentado por la mayoría de los seres humanos. Este miedo se sufre por el desapego a aquello que se cree poseer, como su cuerpo, sus familiares, amigos, pertenencias, su misma historia personal, pero sobre todo el miedo a lo desconocido.

En el caso particular de Luisito había cierta inseguridad por las acciones de los adultos, sobre todo las de sus padres o también por eventos de menor importancia que se sucedían a su alrededor.

A todo esto, Rica lo miraba incómodo por su actitud de poco valor.

—¿Qué te pasa?, ¿por qué tienes tanto miedo Luisito? —preguntó Rica.

—Es que no me quiero morir —respondió éste asustado.

Y es que hacía unas semanas atrás, había muerto su primo Javier partido por un rayo mientras viajaba en su burro bajo la tormenta. Javier y el burro habían muerto al instante y toda la gente hablaba de eso cada vez que había oportunidad.

—¡Vámonos! —gritó Rica, ya enojado con su hermano.

—¡Que tengo miedo a que me parta un rayo! —contestó Luisito.

Rica se acercó y lo miró a la cara con compasión.

—Mira hermano, si hoy te tienes que morir, así sea debajo de esa roca, te alcanzará un rayo y morirás. Pero por lo contrario, si hoy no es tu día para morir, aunque caminemos a la casa bajo la tormenta te aseguro que llegarás sano y salvo.

No entendió Luisito como su hermano de sólo 7 años sabía eso, pero tenía sentido lo que le decía. Así que con todo y miedo se dispusieron a caminar. La tormenta estaba en todo su apogeo. ¡Bum! Un trueno espantoso a sólo metros de distancia. ¡Zas! Un rayo partió un pino en pedazos. ¡Babum! Otro estruendo más a una poca más distancia. Parecía que el agua caía con más fuerza y más cantidad en cada relámpago. El aire era otro factor que a Luisito le provocaba pánico, pues creaba un sonido de desastre y fuerza de la naturaleza que sabía que no podía controlar.

La protección de sus padres le daba seguridad, pero aquí no estaban papá ni mamá, era sólo él y su hermano menor, ante esta tormenta que para el significaba un monstruo incontrolable y asesino.

Casi 20 minutos les tomó llegar a la casa, aunque a Luisito le pareció una eternidad. Cuando finalmente llegaron a la casa, su mamá los esperaba con ansiedad. Ella les dio un gran abrazo agradeciendo que estuvieran bien y les preparó un chocolate caliente mientras se cambiaban su ropa mojada.

«Todo está bien –pensó Luisito- y no me pasó nada». Mientras junto a su hermano le daba otro sorbo a aquel rico chocolate.

El miedo detiene a la mayor parte de los seres humanos a aventurarse. A muchos otros les impide ser quienes son y a hacer lo que desean. Aunque el miedo en sí es una mentira creada por la mente, se está muy habituado a integrarlo dentro de la vida, al grado que se considera normal. El miedo es pues, sólo un estado de la mente ante una situación, creado por tener alguna expectativa con referencia a una experiencia pasada o una proyección a un futuro donde no se sabe nada, y al no saber nada de lo que se va a enfrentar, se asume que no hay control.

Hay, sin embargo, miedos naturales, instintos que te urgen a huir, por ejemplo, de un perro enfurecido que te persigue para morderte. Cuando es un miedo creado por tu mente lo sabrás, pues el miedo natural te protege mientras el miedo creado por ésta sólo cree que te protege. El no poder controlar las cosas es una de las razones por las que el ser humano teme a la muerte. Sólo cuando se ve la realidad de la muerte a la cara, es cuando se entiende que es sólo un paso más en la existencia. El rendimiento ante la muerte crea un espacio de paz, donde el miedo desaparece y puedes conectarte con quien en realidad tú eres. Un Ser eterno con un potencial infinito.

Este hecho, revelará que no eres tu cuerpo sino algo aún más grandioso. Que tu cuerpo y tus pertenencias son un regalo en este paseo de aprendizaje que es la vida. Es aquí donde el miedo a la muerte desaparece, porque entiendes que no pasa nada, que todo va a estar bien, como siempre todo estuvo bien. La vida es pues, una oportunidad maravillosa. Tu cuerpo es tu vehículo con el que te mueves y te manifiestas, es pasajero y en algún momento lo tendrás que dejar. Esto, sin embargo, no es el final sino sólo el principio de algo más. Con este conocimiento el miedo se desvanece, pues con la Luz de tu consciencia la obscuridad se disipa.

"El miedo es un sufrimiento que produce la espera de un mal."

Sigmund Freud.

Capítulo 7

Libertad

En la siguiente historia te relataré como este personaje, a pesar de su condición, escoge lo que es mejor para sí mismo. Él bien podría ser tú o cualquiera de tus hermanos. La idea es que desde el punto de vista muy particular del pepino, una realidad que se vive a muchos niveles en la humanidad sea mostrada. Aunque casi nadie es consciente de esto, la mayor parte de los seres que habitan tu planeta están sujetos de alguna manera a algo muy parecido. Es pues tu elección a partir de saber lo que es, lo que haces o dejas de hacer.

Cuando aquel pepino empezó a tener consciencia de sí mismo, miró a su alrededor y contempló lo que formaba parte de su realidad. Aunque apenas era un niño, entendía lo que veía. Los campos eran inmensos, se extendían en el sur hasta donde no podía ver más. Había miles como él. Las condiciones en aquel lugar parecían apropiadas para su crecimiento. Un rocío lleno de nutrientes los bañaba todos los días, todo parecía normal y en control. Por las mañanas se despertaba más temprano que los demás y entonces era consciente de un rocío muy diferente que provenía del cielo, así como de la majestuosidad del sol que salía del este.

Aquel pepino empezó a crecer y por su instinto natural sentía que algo no estaba bien a pesar de todas las aparentes comodidades. Sentía que de alguna manera ese rocío y ese alimento que obtenía por medio de su mamá-papá les hacía crecer a él y a sus hermanos de una manera rápida, se sentía apurado a crecer. Algo definitivamente le avisaba que aquello, aunque parecía perfecto y organizado, no estaba muy bien.

La salud de su mamá-papá y los mamás-papás de sus otros hermanos se deterioraba con mucha rapidez y tenía la sensación de que sólo los utilizaban como un conducto para que ellos obtuvieran todos esos nutrientes que los hacían crecer con tanta rapidez. Esto le hacía sentir mal por su mamá-papá y todos los otros miles de mamás-papás que se extendían en aquel inmenso valle. Por esto y otras tantas cosas que observaba se empezó a cuestionar más y más, y comenzó también a investigar cuanto pudo en sus propios registros y en sus observaciones. Dentro de estas informaciones se dio cuenta de una terrible verdad. A su mamá-papá y al parecer a todos los miles de otros mamás-papás que estaban plantados en ese valle, los habían violado deliberadamente para influir sobre sus futuros hijos y de esa manera sacar el mayor provecho posible de ellos. Fue gracias a estos datos y otros más que se dio cuenta que aquel lugar que habitaba era un campo de esclavos que servía a los intereses de mentes egoístas con propósitos materiales y ellos eran sólo lo que hacía posible saciar parte de su insaciable codicia. La libertad que había experimentado en su acelerada vida era muy ficticia, todos ellos podían aspirar a más y él estaba dispuesto a hacer que sucediera.

Sin embargo y dadas las condiciones, tal vez y sólo tal vez, ya para esta generación era muy tarde para aspirar a más, pero, aun así, podría dejar guardada en su semilla la información para las siguientes generaciones donde gracias a ella todo pudiera ser modificado. También estaba dispuesto a pasar la información a cuantos le fuera posible con el mismo propósito. Tenía claro que sería decisión de cada uno en particular, pero él estaba dispuesto a hacer lo máximo que pudiese. Aunque en ese momento lo más importante era qué hacer ante su situación actual, su ahora, su momento.

Por medio de auto cuestionarse, el pepino se encontró con que una vasta fuente de información fluía hacia él a través de su mamá-papá y otra no tenía claro de dónde venía. Tal vez sus ancestros se la susurraban, tal vez su creador. Qué importaba en realidad, se decía, si cuando la información llegaba a él su intuición le decía que era verdad. Fue de esta manera que recibió la noción de que podía aspirar por la libertad de él y muchos otros, aun viviendo en este campo vasto de esclavos. La idea era simple pero profunda, ser feliz con lo que era, afrontar la vida con actitud positiva y tener determinación ante sus deseos más profundos.

Para ese entonces ya había llegado el tiempo de la cosecha. Unos grandes monstruos que tenían inteligencia propia, los apartaban bruscamente de sus mamás-papás y los iban metiendo en celdas todos amontonados. En ese momento el pepino supo que, aunque formaba parte de una colectividad tenía consciencia propia y eso le daba la capacidad de elegir cómo se sentía ante aquella situación. Decidió elegir disfrutar del momento y enseñar lo que sabía. Les compartió a todos los que pudo de una manera que le entendieran. Les hizo saber que vivían en una situación de esclavos pero sobre todo les dijo que eso no era lo que eran, que podían encontrar la paz y la libertad en cada momento, que había un gran potencial dentro de cada uno de ellos y que era muy importante lo que eligieran en su ahora. Hubo quien no estuvo de acuerdo, otros estaban tan asustados que no prestaron atención y otros tantos se habían resignado a simplemente aceptar aquella situación y esperar el final. Cada pepino era único y cualquiera que fuese su reacción, él la aceptaba dándole a cada cual su libertad de ser. Tenía claro que algo le indicaba que compartiera lo que sabía, lo que le provocaba felicidad y lo hacía sentir realizado. En esto él encontraba su felicidad y con esta felicidad la libertad que todos deseaban.

La siguiente etapa de su recorrido consistió en tener una interacción con seres, al parecer más desarrollados. En este lugar diferente al anterior pero similar en el trato y la prisa, se hacía la separación. Por lo que observó, tenían ciertos estándares con los que clasificaban distintos grupos de pepinos basados en características similares. Había aquellos que eran los más grandes y saludables, los que eran medianos y los que estaban dañados físicamente por algún accidente o defecto de nacimiento. Una vez puestos en sus respectivas celdas los trasladaban a lugares diferentes. Sus lugares de destino eran grandes pasillos donde los pepinos eran colocados en espacios visibles. Las temperaturas que se sentían en esos lugares eran tan bajas que paralizaban su crecimiento natural, era como si todo se detuviera. En aquellos lugares los pepinos pasaban grandes periodos en exhibición con la esperanza de ser escogidos y poder de alguna manera ser útiles y salir de esa parálisis generalizada. Lo más extraño de todo era que a sólo pocos los escogían, esos seres que los adquirían tenían más preferencia por esos otros misteriosos productos que se escondían en cajas, latas y botellas.

Pero el pepino protagonista de nuestra historia seguía en el lugar de la separación. Cuando llegó su turno, quién lo escogió se dio cuenta que no encajaba en ninguna de las categorías por lo que decidió llamar a su superior inmediato para notificarlo. La razón por la que aquel pepino no calificaba para lo que ellos llamaban el supermercado, era que estaba muy maduro. Con esta rara clasificación fue a parar donde se encontró a unos cuantos igual que él. Todos ellos, aunque no eran muchos, poseían la sabiduría que habían obtenido a través de su auto-observación, la observación de lo que sucedía a su alrededor y la información que poseía cada uno de ellos.

Ahí, en ese lugar, el proceso era lento y pausado. Consistía en una preparación para que sus vidas se extendieran todo lo posible, tenían la temperatura apropiada para su desarrollo natural y de esa manera poder obtener toda la información posible. Esta información quedaría grabada en la abundante cantidad de semillas guardadas en su interior. La sabiduría adquirida por este grupo tendría la oportunidad de ser transmitida a futuras generaciones.

Como pudiste ver en esta historia el planteamiento de la libertad parece estar controlada por otros, pero también te muestra que solo tú tienes la capacidad de Ser y hacer lo que te haga feliz. El conocimiento adquirido te dará las pautas para afrontar lo que es. Importa dónde estás y en qué situación está tu vida, pero lo que más importa, es qué es lo que haces con eso y cómo eliges sentirte tú.

"La libertad significa responsabilidad: por eso la mayoría de los seres humanos le tiene tanto miedo."

George Bernard Show

Capítulo 8

Integración

Quiero revelarte algo realmente trascendente.

Quiero que me sigas en esta analogía. Te guiaré sutilmente por la esencia de un árbol y con la sabiduría de los espíritus de la naturaleza, ya que por medio de ellos encontrarás un ejemplo claro de lo que es el verdadero Ser, lo que tú realmente eres. Y lo que significa el fluir con la sabiduría de la naturaleza y de la misma vida.

Veamos pues que, en esencia, tanto el Ser humano como cualquier otra forma de vida comparten la misma casa, que es este maravilloso planeta que habitas y todos provienen de la misma fuente. Toda la sabiduría del universo vive en cada organismo vivo. Si te tomas un momento y observas, serás testigo de la perfección inexplicable con la lógica de tu mente racional. Esa es la perfección de todo lo que existe, existe dentro y fuera de ti.

El robusto árbol que se levanta en el medio del bosque, es un claro ejemplo de lo majestuoso y maravilloso que es vivir desde lo que realmente eres. El árbol para tener esa altura que puedes contemplar, ha pasado por un largo tiempo de quietud y de presencia absoluta. El viento lo ha soplado, la lluvia lo ha mojado, otros seres vivos lo han habitado, muchos otros han aprovechado su sombra y el sigue ahí siendo y dando lo que es. No espera nada a cambio, sólo es un árbol. Es de esta manera como tú y cada ser humano debería vivir.

El árbol ya tiene la sabiduría necesaria para obtener y crear lo que necesita en su crecimiento. Es pues tan perfecto el mecanismo que utiliza, tanto como es el mecanismo diseñado para ti. Cuando el árbol toma la luz por la parte superior a través de sus hojas, lleva la luz por sus ramas hasta el tronco y más allá, donde se hace un trabajo tan perfecto y mágico que resulta inexplicable para la mente humana. De la parte más baja, es de la misma manera grandioso lo que sucede. Sus raíces se extienden entre su madre tierra llegando a distancias importantes para así encontrar agua y nutrientes necesarios para su desarrollo. Toda la luz que el árbol procesa a través de la fotosíntesis, la da de regreso a la tierra y sus habitantes, como una ofrenda. Tienen formas como el oxígeno y los frutos, entre otros muchos regalos.

Lo mejor que puedes Ser, es un árbol y Ser un árbol significa Ser tú. El árbol está siempre presente, absorbe la luz por sus extremidades, utiliza sus raíces y su capacidad para obtener toda la fuerza necesaria. Como el árbol, mantente siempre calmado y flexible ante las tormentas de la vida. Ofrece tus frutos y lo que eres a tus hermanos para que los puedan aprovechar y a tu madre tierra agradece la oportunidad y dale lo que le pertenece. Despreocúpate de los muchos errores de otros que se pudren y erróneamente se mueren antes de su verdadero momento. Te pido más bien que te enfoques en lo que eres y encuentres ahí todo lo que necesitas, para ti y todos los demás. Es de esta manera simple que te alzarás en el bosque de la vida y tu grandeza será evidente ante cualquiera.

Como dije antes, todo el mundo del reino vegetal y otros reinos que cohabitan la tierra son tan importantes como lo es tu nivel de existencia. Cuando se siembra la tierra con fines comerciales, las frutas, los vegetales, etc. Es una manera de degeneración de estas especies. Es también una manera obvia de romper el ciclo natural de evolución, lo que tendrá consecuencias para todos, pues todos están involucrados.

Es como un campo de esclavos creado para satisfacer necesidades egoístas de mentes insatisfechas. Con estas acciones dejan de ser naturales y se convierten en plantas, animales y frutas sin consciencia. Pierden casi por completo sus propiedades naturales y su capacidad de apoyo para los demás en su entorno. Por otra parte, las plantas y los animales que son tratadas con respeto y amor, no sólo se desarrollan como es natural, también ofrecen los regalos que contienen en sí mismos, que es la sabiduría del universo. Y con esto, se pueden obtener cosas como la sanación, alimento, sombra, oxígeno, belleza y tantos otros conocidos y no conocidos por el ser humano.

Es muy necesaria la consciencia, para así entender todo lo que integra al planeta. Es esta la única manera de subsistir. Éste es un llamamiento a ti y a todo Ser humano que esté dispuesto a escuchar. La plegaria de los que su voz no es escuchada con el oído del Ser humano, quieren que sepas que te necesitan a ti, siendo tú. Ser lo que realmente eres y menos lo que crees que eres. Sólo por medio del amor por todo lo que existe, será posible la restauración de la vida y la armonía en el maravilloso organismo que hoy co-habitan. Existen incontables organismos vivos que habitan este planeta contigo y todos los demás. Respeta a cada uno de ellos y honra lo que son, sólo así podrás sobrevivir en este maravilloso lugar que fue creado para que por medio de la experiencia de la materia puedas evolucionar y avanzar hacia lo que eres.

Aquellos seres inconscientes que dominan a sus hermanos y eliminan la vida sólo por sus intereses, no son conscientes del daño que están haciendo a los demás. Pero lo importante eres tú, pues a medida que tú seas lo que eres, eso que tú eres irradiará luz a tu alrededor y las sombras se disiparán ante tu luminosidad. Toda la verdad será revelada y cada ser encontrará pistas más precisas para brillar con su propia luz, expandiéndose así por el espacio y la eternidad.

Cada animal, cada espíritu del reino vegetal y cada organismo vivo que existe en el planeta, te ama y respeta y está aquí para trabajar contigo, están aquí como un gran equipo para la evolución de todos los involucrados. Sepárate pues de la destrucción inconsciente, revisa tus hábitos del día a día. Honra y respeta toda la vida que te rodea, desde el más pequeño organismo hasta el más imponente volcán que se alza sobre toda la materia. Ten en cuenta que todo tiene vida, todo es perfecto tal como es. Toda acción tiene una reacción en cadena. Agradece cada vez que consumas tu alimento, éste se ha dado con amor para colaborar con tu desarrollo y tu propósito. Pide permiso antes de cortar la vida de otro ser vivo, no importa si es un animal o una planta, ten en cuenta que están aquí para apoyarte y lo más justo sería agradecérselo. Todo esto es una sugerencia, solo tú puedes elegir que hacer. Lo que sea que elijas te llevará al mismo lugar, lo único que varía es el camino. Mas sin embargo es necesario saber que el camino del amor y la armonía es el camino que aquí intento sugerir. Es este camino, el camino de la verdad y la felicidad. Los caminos difíciles, en cambio, te retrasarán, te causarán dolor y sufrimiento. Pero el fin último es que tengas el conocimiento y con tu capacidad de libre albedrio elijas en consciencia lo que desees. Así se cumplirá lo dicho por Jesus el cristo; Y la verdad te hará libre.

"¿Cómo puede la vida de un hombre mantener su curso si él no la deja fluir? Aquellos que fluyen como fluye la vida, saben que no necesitan de ninguna otra fuerza: No sienten desgaste, no sienten dolor, no necesitan arreglos, ni remiendos."

Extracto del libro "The Way of life according to Lao Tzu".

Epílogo

Las historias de Luz nacen de mi búsqueda personal. En esta búsqueda surge la necesidad de compartir las enseñanzas aprendidas de mis guías espirituales y terrestres. Al principio experimentó que a la hora de querer compartir con mis familiares y amigos, a algunos les costaba entenderlo. Ahí es donde surgió la idea de crear algo menos abstracto y fácil de entender, pero que a su vez conservara la escancia del mensaje.

Basado en la premisa de que "como es arriba es abajo y como es adentro es afuera" tras pedir asistencia a mis guías, me fueron reveladas algunas directrices para que empezara a escribir, dándome así la libertad de expresarme de una manera original y única. Así nace entonces la idea, enfocada en dar un mensaje de concientización sobre temas fundamentales en la vida como es el amor por la vida y el planeta, la continuidad, el miedo, el ser único y la libertad, entre otros temas.

Mi experiencia con las historias es de total aprendizaje y autodescubrimiento. Es por esto que considero que será del agrado de quien resuene con esta información.

Durante el proceso y la creación de este libro me vi frente a muchos condicionamientos y limitaciones autoimpuestas, fue hasta que me di permiso de elegir crear lo que me apoyara que logré concluir lo que hoy está en tus manos.

Espero que mi buena intención haya tenido resultado y agradezco tu lectura.

Sobre el autor

Jose Luis Espinoza nació en Los Ángeles, California. A la edad de un año fue llevado de regreso a México, el país de origen de sus padres, donde creció y estudió hasta la edad de 20 años para después mudarse de nuevo a los Estados Unidos.

Jose Luis Espinoza ha encontrado en la simplicidad de las cosas las grandes enseñanzas que ofrece el universo y una manera muy personal de interpretarlas. En su búsqueda personal del conocimiento se ha topado con muchas verdades, algunas que resuenan con su verdad otras que no. Su historia personal de transformación le ha permitido encontrar un camino de lo abstracto a lo más simple. De esta manera plasma con sus historias y su manera peculiar de escribir, el mensaje que recibe de la divinidad y toda su creación. Su idea es llevar el mensaje a todos los que deseen escuchar.

De una manera simple y divertida te acompaña por el camino de la sabiduría apoyándote a recordar conceptos para tu transformación personal.

Él te hace la invitación a ti que lees, para que con una mente abierta escuches estos principios y los apliques en tu vida diaria, si así lo deseas.